Impressum
Verlag: BABADADA GmbH, Nedderfeld 112 , 22529 Hamburg
Geschäftsführer / Verlagsleitung: Harald Hof
Druck: Books on Demand GmbH, In de Tarpen 42, 22848 Norderstedt

Imprint
Publisher: BABADADA GmbH, Nedderfeld 112 , 22529 Hamburg, Germany
Managing Director / Publishing direction: Harald Hof
Print: Books on Demand GmbH, In de Tarpen 42, 22848 Norderstedt

ليكول
l'école

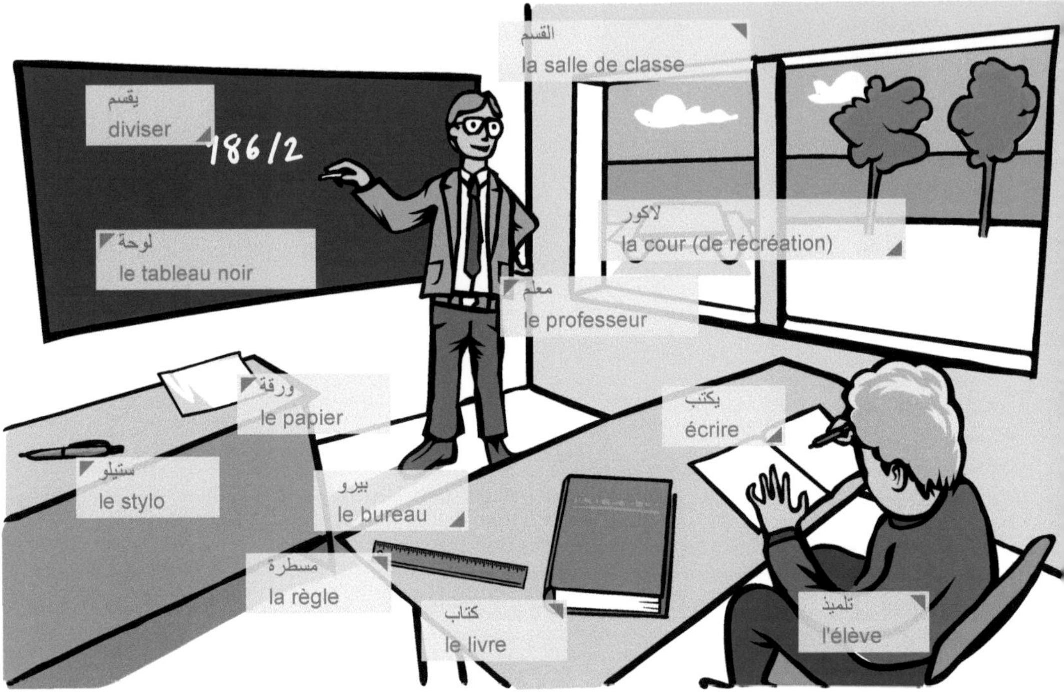
القسم
la salle de classe
يقسم
diviser
186/2
لوحة
le tableau noir
لاكور
la cour (de récréation)
معلم
le professeur
ورقة
le papier
يكتب
écrire
ستيلو
le stylo
بيرو
le bureau
مسطرة
la règle
كتاب
le livre
تلميذ
l'élève

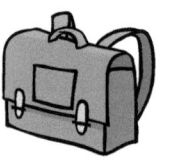

كرطاب
....
le cartable

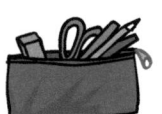

المقلمة
....
la trousse

قلم الرصاص
....
le crayon

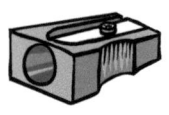

منجارة
....
le taille-crayon

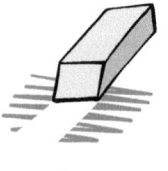

ممحا
....
la gomme

الكايي تاع الرسم
....
le carnet à dessin

الرسم

le dessin

البانسو

le pinceau

باتير

la boîte de peinture

مقص

les ciseaux

كولا

la colle

كايي تاع التمارين

le cahier d'exercices

الواجبات

les devoirs

12

النيميرو

le chiffre

2+2

يجمع

additionner

5-2

يطرح

soustraire

2×2

يضرب

multiplier

يحسب

calculer

A

الحرف

la lettre

ABCDEFG HIJKLMN OPQRSTU VWXYZ

الحروف

l'alphabet

hello

كلمة

le mot

النص

le texte

يقرا

lire

طباشير

la craie

الدرس

la leçon

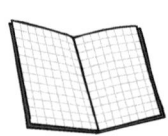

دفتر المدرسي

le livre de classe

ليقزاما

l'examen

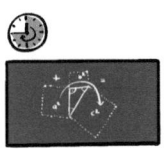

سرتفيكا

le certificat

اللبة تاع ليكول

l'uniforme scolaire

التعليم

la formation

ليكسيك

le lexique

الجاميعة

l'université

المجهر

le microscope

الخريطة

la carte

بوبال

la corbeille à papier

فواياج

le voyage

اوتال
l'hôtel
Grand
بيت الشباب
l'auberge
ROOMS
بيرة تاع الصرف
le bureau de change
فاليزة
la valise
لولو
la voiture

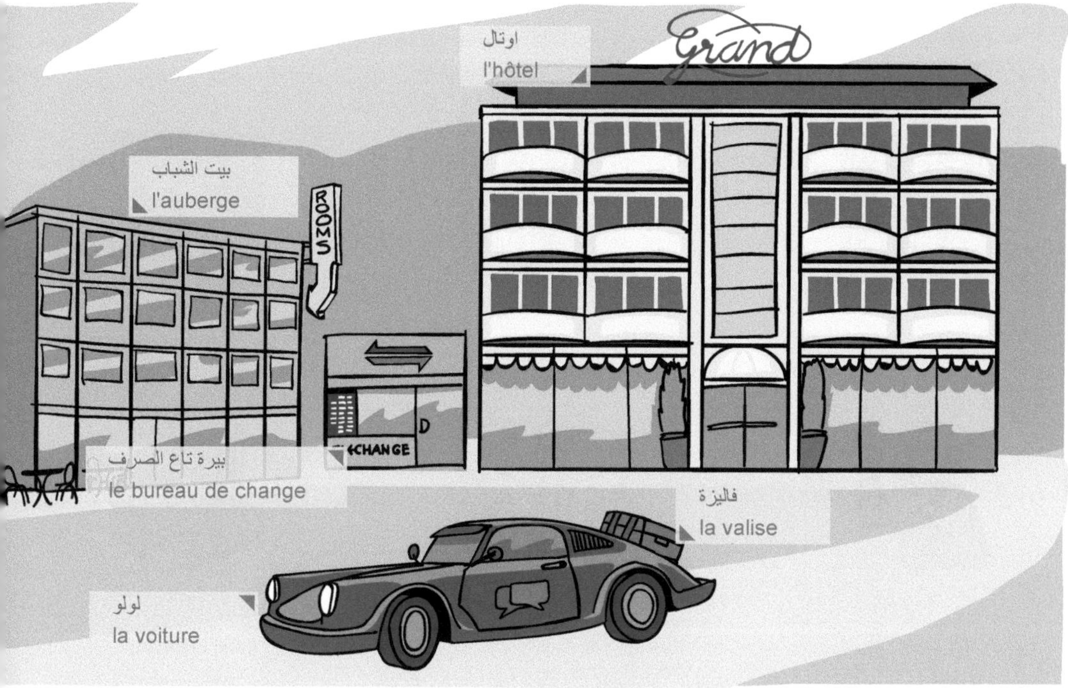

اللغة ليقصدها

la langue

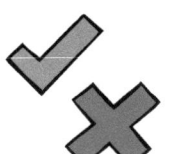

واه / لا

oui / non

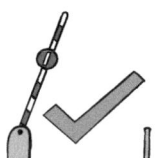

صحا

d'accord

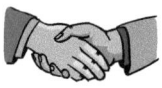

مرحبا

Salut

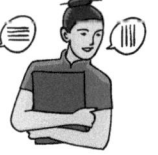

طرجمان

l'interprète

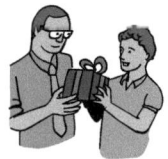

صحيت

merci

شعال السومة؟

Combien coûte...?

مفهمتّش

Je ne comprends pas

مشكيلة

le problème

مسلخير

Bonsoir !

صباح لخير

Bonjour !

تصبح بخير

Bonne nuit !

بسلامة

Au revoir

ديركسيو

la direction

الباقاج

les bagages

ساك

le sac

ساكادو

le sac-à-dos

ضيف

l'hôte

شمبرا

la pièce

ساك تاع رقاد

le sac de couchage

خيمة

la tente

استعلامات سياحية

l'office de tourisme

بحر

la plage

كارطة ناع الكريدي

la carte de crédit

فطور الصباح

le petit-déjeuner

الفطور

le déjeuner

العشا

le dîner

البيي

le billet

أسونسير

l'ascenseur

تامبر

le timbre

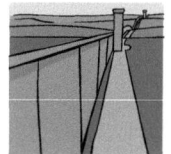

الحدود

la frontière

الديوانة

la douane

سقارة

l'ambassade

فيزا

le visa

باسبور

le passeport

le transport

طيارة
l'avion

بابور
le navire

لبونبيا
le véhicule de pompiers

بيس
le bus

كاميونة
le camion

بوطو
e bateau à moteur

بيسكلات
la bicyclette

لولو
la voiture

بابو
le ferry

بوطي
la barque

موطو
la moto

لوطو تاع لابوليس
la voiture de police

لوطو تاع السيباق
la voiture de course

لوطو تاع كرية
la voiture de location

لوطاطا تاع كرية

l'auto-partage

رومورك

la voiture de remorquage

كاميو تاع الزبل

la benne à ordures

موتور

le moteur

ليسونس

l'essence

ستاسيون

la station d'essence

بانو

le panneau indicateur

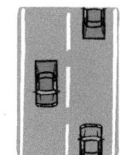

ترافيك

le trafic

سركالة

l'embouteillage

باركينغ

le parking

لاقار

la gare

السبيكة

les rails

قطار

le train

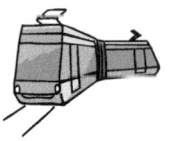

ترام

le tramway

فاغون

le wagon

اليكبتار

l'hélicoptère

مطار

l'aéroport

تور

la tour

مسافر

le passager

كونتنار

le conteneur

كرطونة

le carton

شاريو

le chariot

سلة

la corbeille

يقلع / يهود

décoller / atterrir

la ville

قرية

le village

البلاد

le centre-ville

دار

la maison

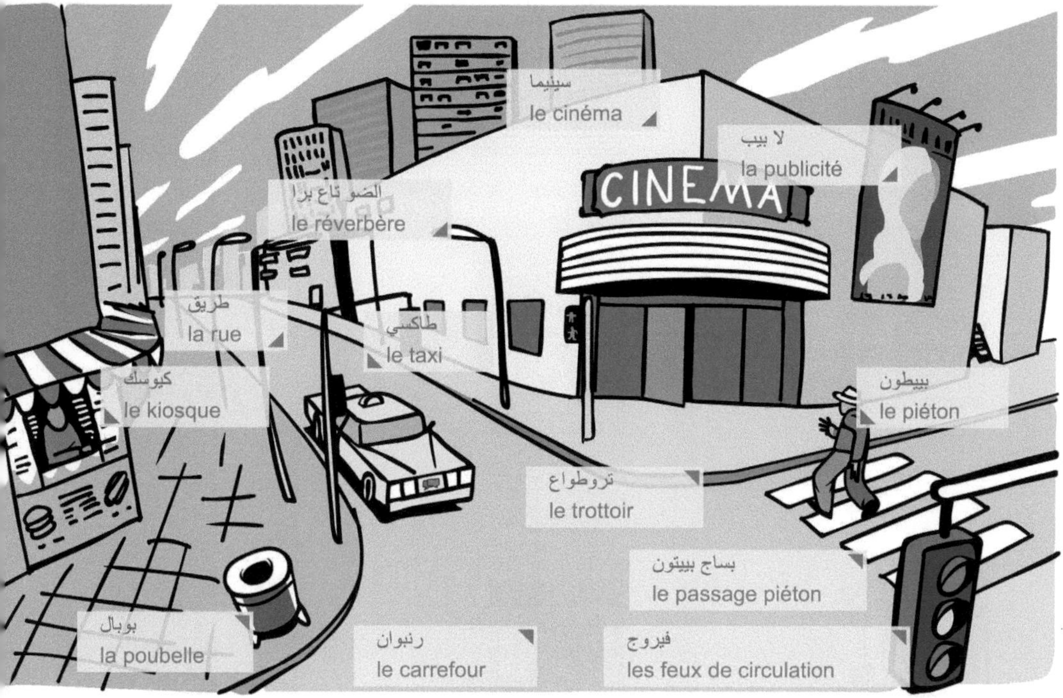

سينيما
le cinéma
CINEMA
لا بيب
la publicité
الضو تاع برا
le réverbère
طريق
la rue
طاكسي
le taxi
كيوسك
le kiosque
بييطون
le piéton
تروطواع
le trottoir
بساج بييتون
le passage piéton
بوبال
la poubelle
رنبوان
le carrefour
فيروج
les feux de circulation

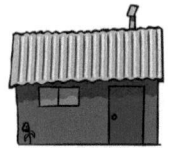

كوخ

la cabane

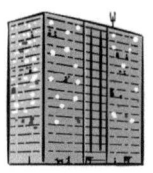

برطمان

l'appartement

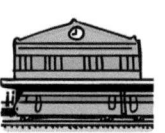

لاقار

la gare

لاميري

la mairie

MUSEUM

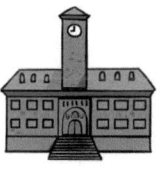

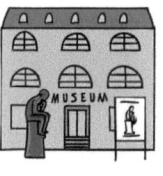

متحف

le musée

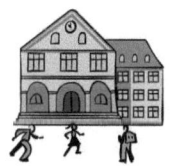

ليكول

l'école

الجامعة

l'université

بانكة

la banque

سبيطار

l'hôpital

اوتال

l'hôtel

فارماسي

la pharmacie

بيرو

le bureau

مكتبة

la librairie

حانوت

le magasin

فلوريست

le fleuriste

سوبرات

le supermarché

مرشي

le marché

حانوت كبير

le grand magasin

مسمكة

la poissonnerie

سونتر كومرسيال

le centre commercial

المينا

le port

بارك
....
le parc

بنك
....
la banque

جسر
....
le pont

درج
....
les escaliers

ميترو
....
le métro

تونال
....
le tunnel

لاري تاع البيس
....
l'arrêt de bus

بار
....
le bar

مطعم
....
le restaurant

صندوق البريد
....
la boîte à lettres

البانوات
....
le panneau indicateur

مقياس زمن الوقوف
....
le parcmètre

حديقة حيوانات
....
le zoo

بيسين
....
le réverbère

جامع
....
la mosquée

فيرما

la ferme

التلوث

la pollution

مقبرة

la cimetière

قليزية

l'église

بارك

l'aire de jeux

معبد

le temple

le paysage

ورقة
la feuille

بانو
le panneau indicateur

طريق
le chemin

مرج
le pré

حجرة
la pierre

شجرة
l'arbre

رحالة
le randonneur

نهر
la rivière

حشيش
l'herbe

زهرة
la fleur

واد
....
la vallée

جبل
....
la montagne

بحيرة
....
le lac

غابة
....
la forêt

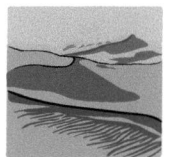

صحرا
....
le désert

بركان
....
le volcan

شاطو
....
le château

قوس قزح
....
l'arc-en-ciel

فطر
....
le champignon

نخلة
....
le palmier

ناموسة
....
le moustique

ذبانة
....
la mouche

نملة
....
les fourmis

نحلة
....
l'abeille

رتيلة
....
l'araignée

خنفوس

le coléoptère

جرانة

la grenouille

سنجاب

l'écureuil

قنفود

le hérisson

قنينة

le lièvre

بومة

la chouette

زاوش

l'oiseau

بجعة

le cygne

حلوف

le sanglier

عزالة

le cerf

إلكة

l'élan

سد

le barrage

الطاحونة

l'éolienne

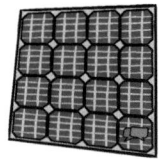

خلية شمسية

le panneau solaire

كليما

le climat

مطعم

le restaurant

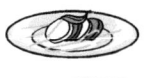

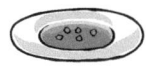

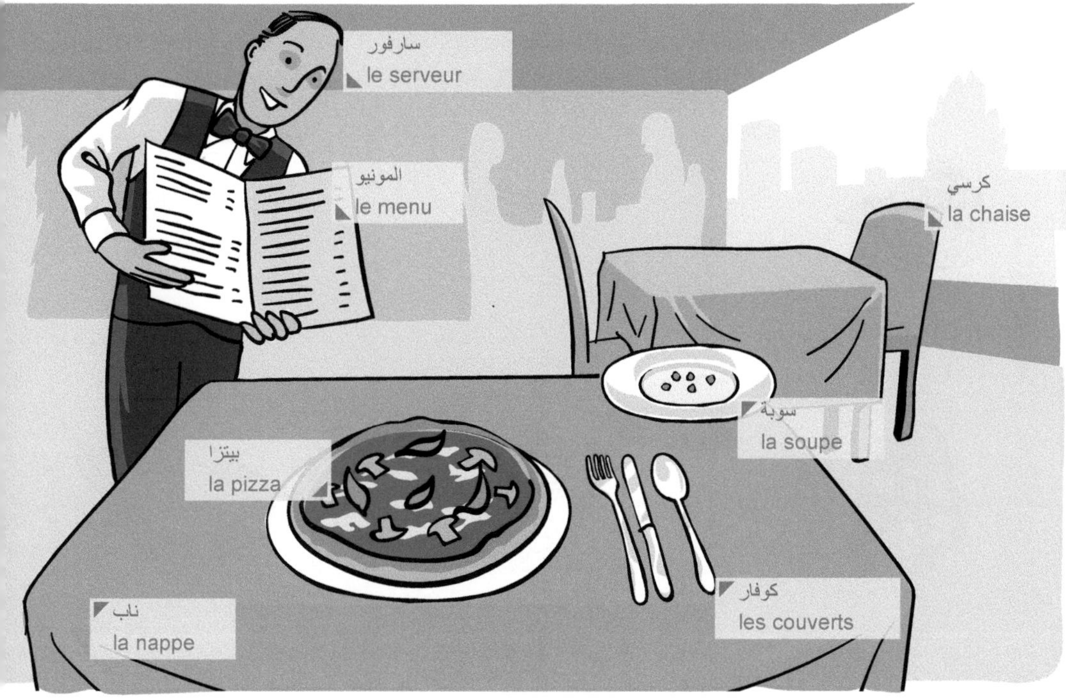

سارفور
le serveur
المونيو
le menu
كرسي
la chaise
سوبة
la soupe
بيتزا
la pizza
كوفار
les couverts
ناب
la nappe

اوردوفر
....
les hors d'œuvre

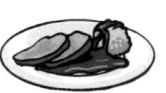

الطبق الرئيسي
....
le plat principal

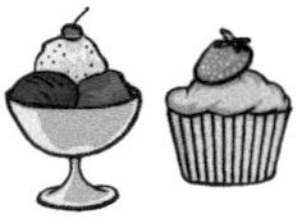

ديسار
....
le dessert

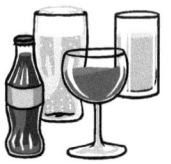

مشروبات
....
les boissons

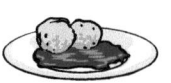

ماكلة
....
l'alimentation

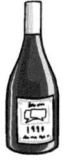

القرعة
....
la bouteille

فاست فود

le fast-food

ماكلة نديه معايا

les plats à emporter

براد اتاي

la théière

سكرية

le sucrier

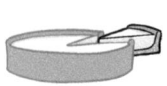

طرف

la portion

ماشينة تاع اكسبريسو

la machine à expresso

كرسي عالي

la chaise haute

فاتورة

la facture

سني

le plateau

خدمي

le couteau

فرشيطة

la fourchette

مغيرفة

la cuillère

مغيرفة تاع لاتاي

la cuillère à thé

سربيتة تاع الطابلة

la serviette

كاس

le verre

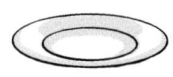

طبسي

l'assiette

بول

l'assiette à soupe

طبسي تاع الفنجال

la soucoupe

لاصوص

la sauce

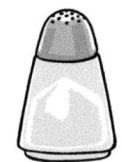

القوطي تاع الملح

la salière

طحان تاع الحرور

le moulin à poivre

خل

le vinaigre

زيت

l'huile

ليزيبيس

les épices

كتشوب

le ketchup

موطارد

la moutarde

مايونيز

la mayonnaise

le supermarché

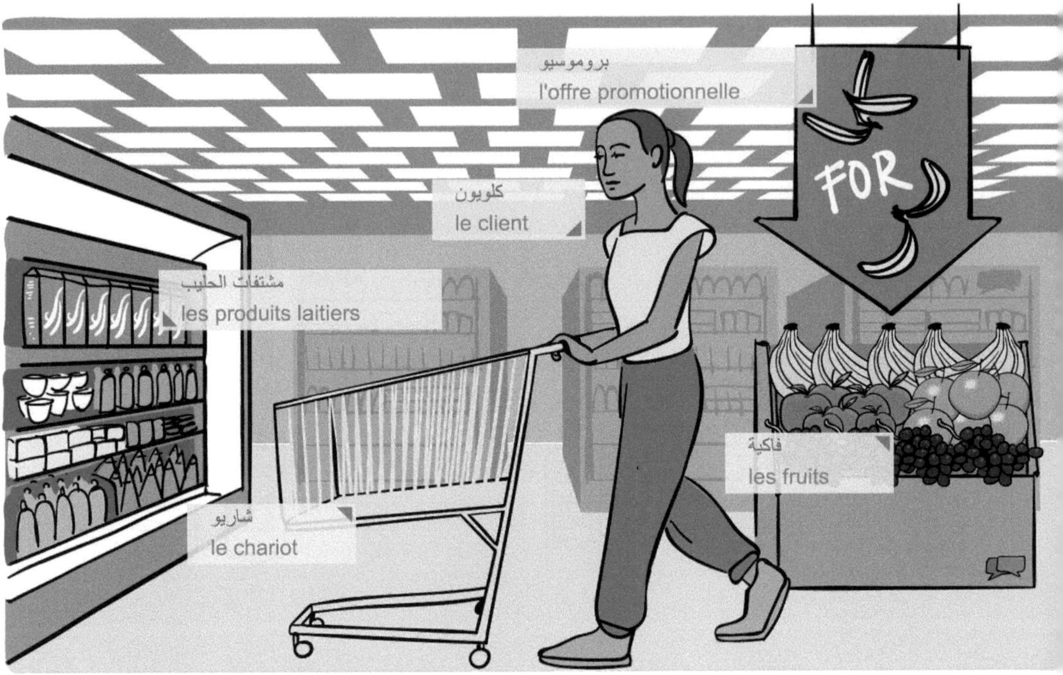

بروموسيو
l'offre promotionnelle
FOR
كلويون
le client
مشتقات الحليب
les produits laitiers
فاكية
les fruits
شاريو
le chariot

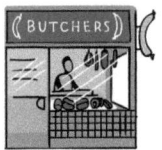

BUTCHERS

بوشي

la boucherie

BAKERY

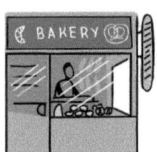

بولونجي

la boulangerie

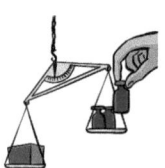

يوزن

peser

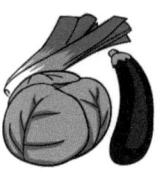

خضار

les légumes

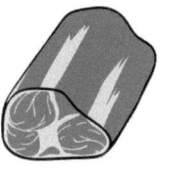

لحم

la viande

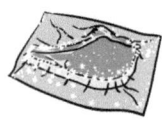

سيرجولي

les aliments surgelés

كاشير

la charcuterie

كونسارف

les conserves

الاومو تاع لغسيل

la poudre à lessive

الحلويات

les bonbons

صوالح الدار

les articles ménagers

ديتارجو

les détergents

فوندوز / خدامة فالحانوت

la vendeuse

لاكاس

la caisse

كاسسي

le caissier

ليستا تاع الشري

la liste d'achats

سوايع الخدمة

les heures d'ouverture

تزداتم

le portefeuille

كارطة ناع الكريدي

la carte de crédit

ساك

le sac

بورسة

le sac en plastique

الما
l'eau

جو
le jus de fruit

حليب
le lait

كوكا
le coca

الشراب
le vin

البيرة
la bière

شراب
l'alcool

كاكاو
le chocolat chaud

لاتاي
le thé

قهوة
le café

اكسبريسو
l'expresso

كابوتشينو
le cappuccino

بانانة

la banane

تفاح

la pomme

تشينا

l'orange

بطيخ

le melon

ليم

le citron.

كروطة / زرودية

la carotte

ثوم

l'ail

بانبو

le bambou

بصل

l'oignon

شانبينيو

le champignon

بندق

les noisettes

لبيات

les pâtes

سباقيتي

les spaghetti

روز

le riz

سلاطة

la salade

ليفريت

les pommes frites

ليفريت

les pommes de terre rôties

بيتزا

la pizza

هانبورقر

le hamburger

سندويش

le sandwich

اسكالوب

l'escalope

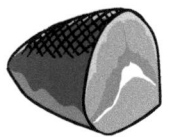

لحم الحلوف

le jambon

سامي

le salami

مرقاز

la saucisse

جاجة

le poulet

لحم مشوي

le rôti

حوت

le poisson

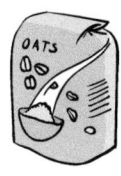

شوفان

les flocons d'avoine

موسلي

le muesli

كورن فلكس

les cornflakes

فرينة

la farine

كرواسون

le croissant

خبيزة

les petits-pains

الخبز / كسرة

le pain

خبز محمر

le pain grillé

بيسكوي

les biscuits

زبدة

le beurre

لبن

le fromage blanc

قاطو

le gâteau

بيض

l'œuf

بيض مقلّي

l'œuf au plat

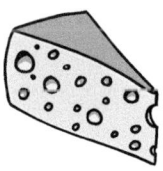

فرماج

le fromage

لاكرام

la glace

سكر

le sucre

عسل

le miel

كونفتير

la confiture

نوقا

la crème nougat

الكاري

le curry

فيرما

la ferme

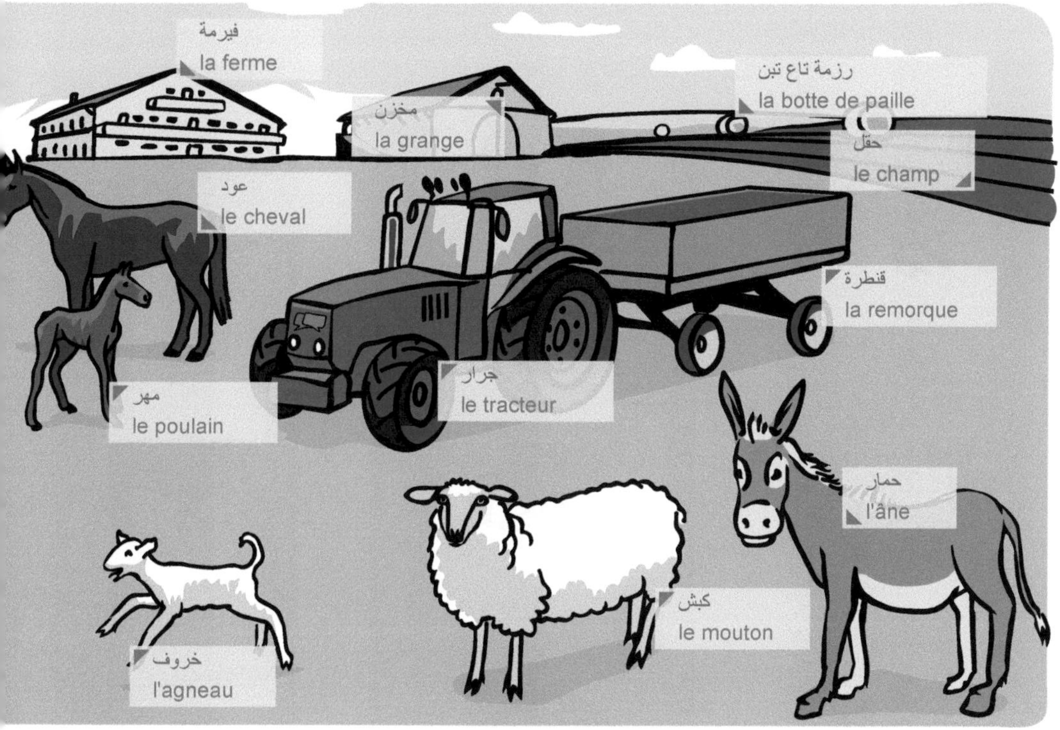
فيرمة
la ferme
مخزن
la grange
رزمة تاع تبن
la botte de paille
حقل
le champ
عود
le cheval
قنطرة
la remorque
جرار
le tracteur
مهر
le poulain
حمار
l'âne
كبش
le mouton
خروف
l'agneau

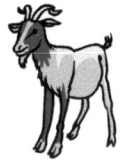

معزة

la chèvre

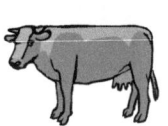

بقرة

la vache

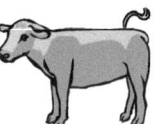

عجل

le veau

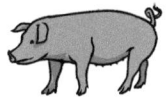

حلوف

le porc

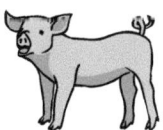

حلوف صغير

le porcelet

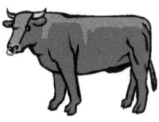

طورو

le taureau

وزة

l'oie

بطة

le canard

فلوس

le poussin

جاجة

la poule

سردوك

le coq

طوبا

le rat

قطة

le chat

فأر

la souris

ثور

le bœuf

كلب

le chien

دار الكلب

le chenil

تييو

le tuyau de jardin

إبريق

l'arrosoir

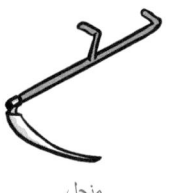

منجل

la faucheuse

محراث

la charrue

منجل

la faucille

الفاس

la pioche

مذراة الزبل

la fourche

شاقور

la hache

برويطة

la brouette

معلف

la cuve

قابة تاع حليب

le pot à lait

ساشيا

le sac

سياج

la clôture

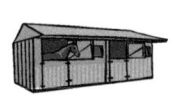

صطبل

l'étable

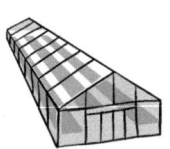

بوطاجي

le serre

تراب

le sol

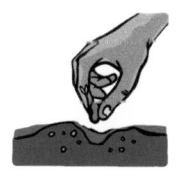

بذور

les semences

سماد

l'engrais

حصادة

la moissonneuse-batteuse

فيرما - la ferme

يحصد
....
récolter

الغلة
....
la récolte

بطاط
....
l'igname

قمح
....
le blé

صويا
....
le soja

بطاطا
....
la pomme de terre

مااييس
....
le maïs

سلجم
....
le colza

شجرة تاع فاكية
....
l'arbre fruitier

منيهوت
....
le manioc

الخبوب
....
les céréales

دار

la maison

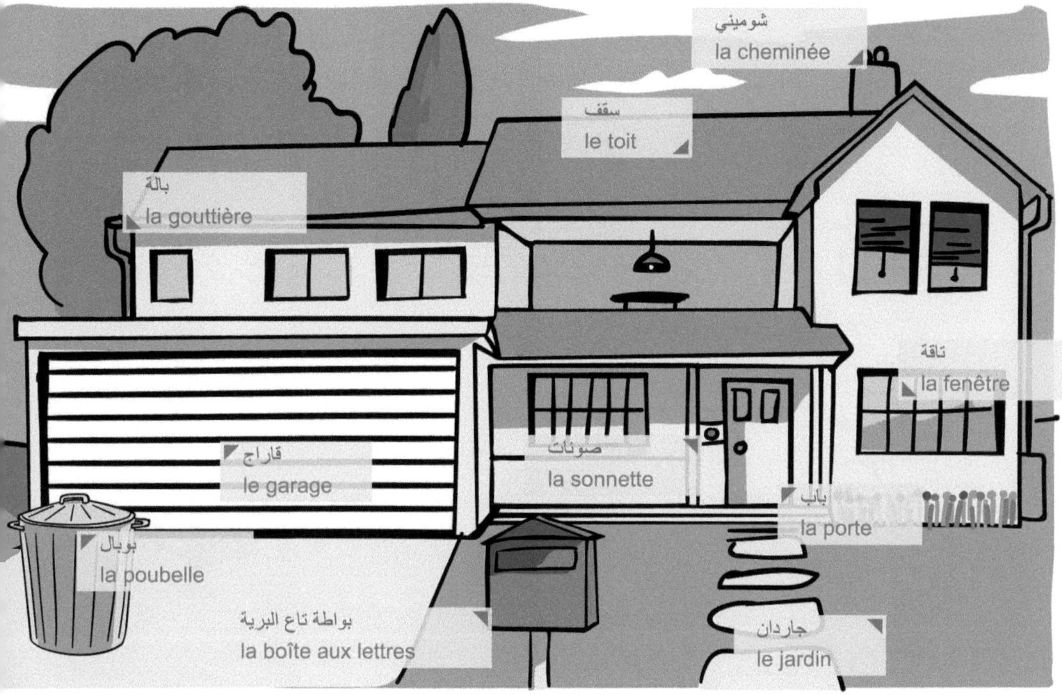

شوميني
la cheminée
سقف
le toit
بالة
la gouttière
تاقة
la fenêtre
قاراج
le garage
صونات
la sonnette
باب
la porte
بوبال
la poubelle
بواطة تاع البرية
la boîte aux lettres
جاردان
le jardin

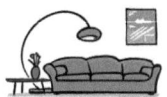

صالون

le salon

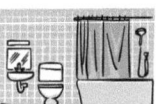

الحمام

la salle de bain

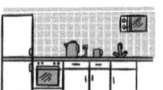

كوزينا

la cuisine

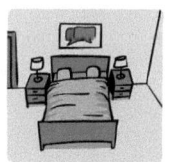

شامبرا تاع رقاد

la chambre à coucher

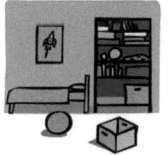

شمبرا تاع ذراري

la chambre d'enfant

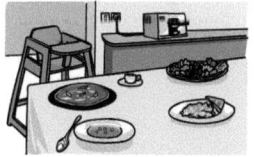

صالة مونجي

la salle à manger

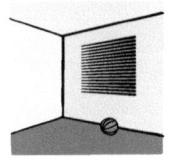

لرض

le sol

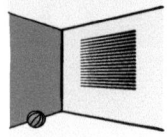

حيط

le mur

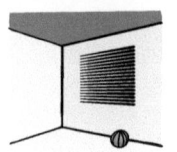

بلافو

le plafond

كافا

la cave

سونا

le sauna

بالكون

le balcon

تيراسة

la terrasse

بيسين

la piscine

جزارة تاع حشيش

la tondeuse à gazon

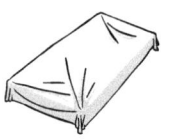

ااووس

la housse

كووات

la couette

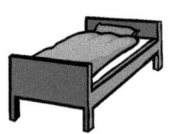

ناموسية

le lit

مصلحة

le balai

بيدو تاع صليح

le sceau

انتغبتور

l'interrupteur

صالون
le salon

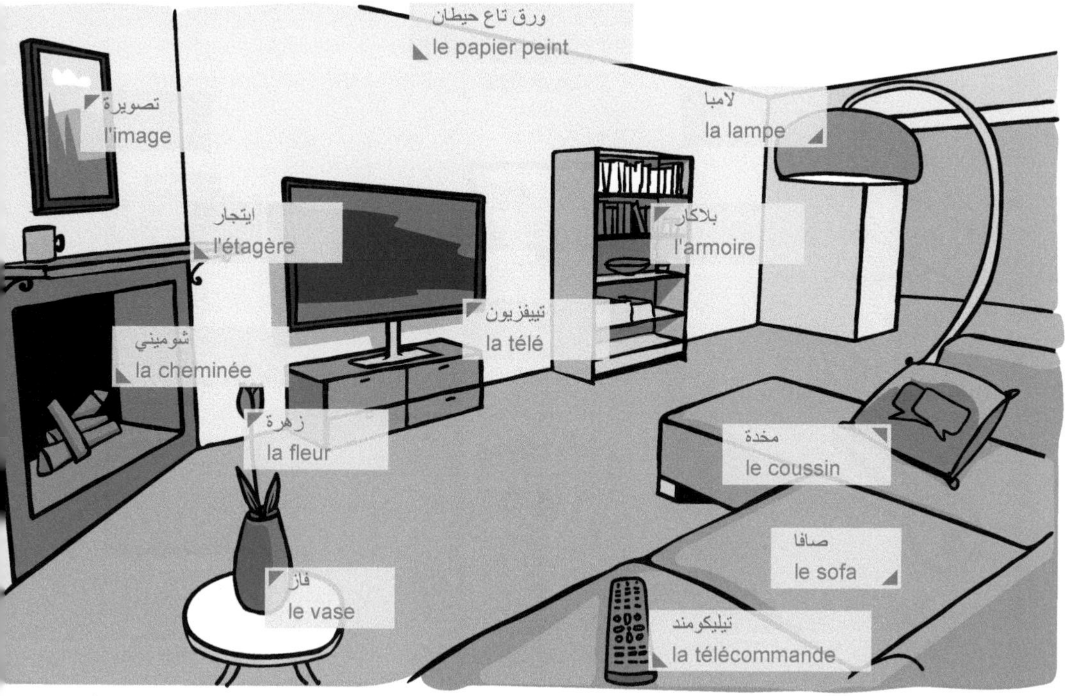
ورق تاع حيطان
le papier peint
تصويرة
l'image
لامبا
la lampe
ايتجار
l'étagère
بلاكار
l'armoire
تيفزيون
la télé
شوميني
la cheminée
زهرة
la fleur
مخدة
le coussin
صافا
le sofa
فاز
le vase
تيليكومند
la télécommande

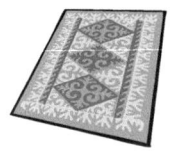

طابي

le tapis

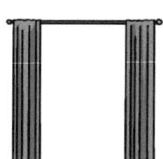

ريدو

le rideau

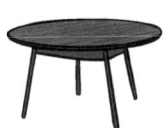

طابلة

la table

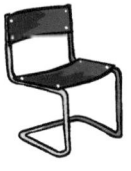

كرسي

la chaise

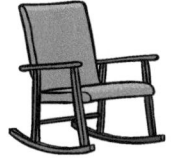

كرسي يبوجي

la chaise à bascule

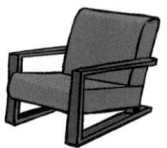

فوتاي

le fauteuil

كتاب

le livre

طوفيرطة

la couverture

زواق

la décoration

الحطب

le bois de chauffage

فيلم

le film

الستيريو

la chaîne hi-fi

مفتاح

la clé

جرنان

le journal

كادر

la peinture

بوستار

le poster

راديو

la radio

كناش

le bloc-notes

اسبيراتور

l'aspirateur

صبار

le cactus

شمعة

la bougie

كوزينا
la cuisine

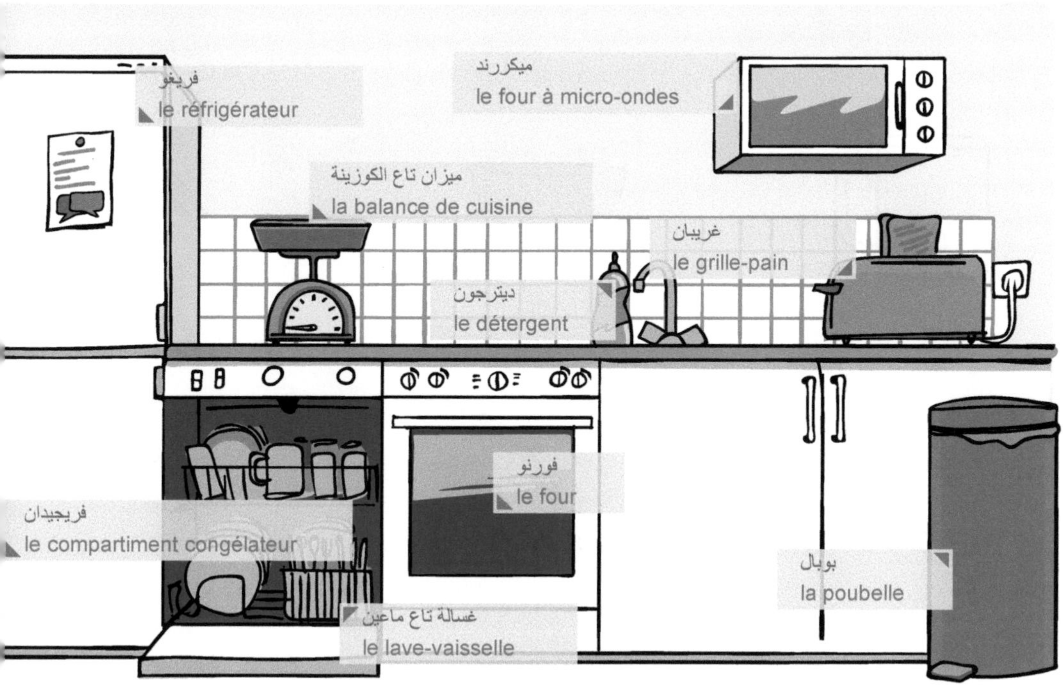

فريغو
le réfrigérateur
ميكررند
le four à micro-ondes
ميزان تاع الكوزينة
la balance de cuisine
غريبان
le grille-pain
ديترجون
le détergent
فورنو
le four
فريجيدان
le compartiment congélateur
بوبال
la poubelle
غسالة تاع ماعين
le lave-vaisselle

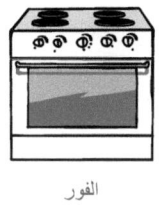

الفور
....
le four

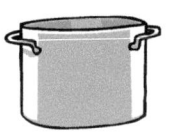

قدرة
....
la casserole

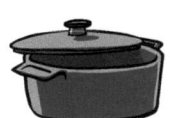

مرميطا
....
la marmite

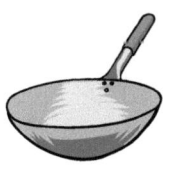

طاوة غامقة
....
le wok / kadai

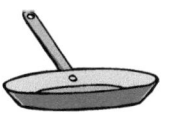

مقلة
....
la poêle

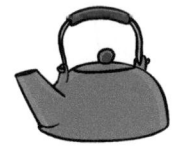

غلاية
....
la bouilloire electrique

قدرة

le cuiseur vapeur

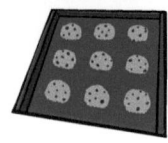

سني

la plaque de cuisson

ماعين

la vaisselle

قوبلي

le gobelet

طبسي

la coupe

مطارق تاع الماكلة

les baguettes

لوشة

la louche

سباتولة

la spatule

الضرابة

le fouet

كسكاس

la passoire

صفاية

le tamis

راب

la râpe

مهراز

le mortier

شواية

le barbecue

موقد

la cheminée

بلونشا

la planche à découper

رولو

le rouleau à pâtisserie

الحلال

le tire-bouchon

قابسة

la boîte

الحلال

l'ouvre-boîte

كتان

les maniques

لافابو

le lavabo

بروسة

la brosse

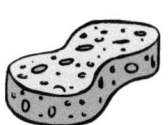

بونجة

l'éponge

الخلاط

le mixeur

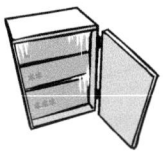

فريغو

le congélateur

بيبرونة

le biberon

سبالة

le robinet

الحمام
la salle de bain

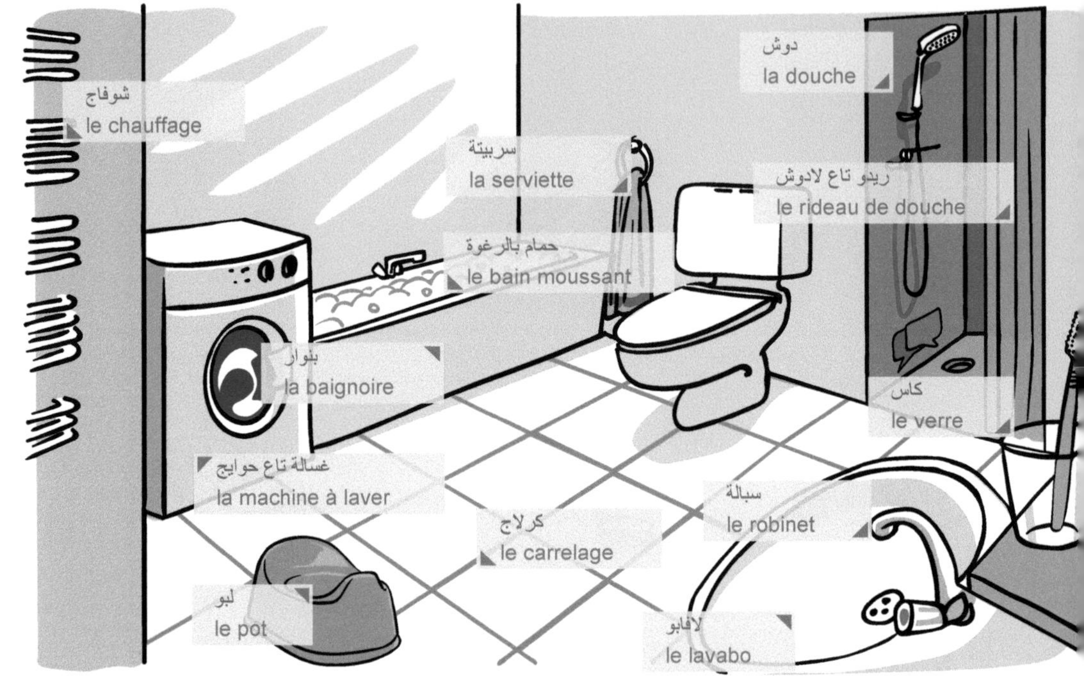
دوش
la douche
شوفاج
le chauffage
سربيتة
la serviette
ريدو تاع لادوش
le rideau de douche
حمام بالرغوة
le bain moussant
بنوار
la baignoire
كاس
le verre
غسالة تاع حوايج
la machine à laver
سبالة
le robinet
كرلاج
le carrelage
لبو
le pot
لافابو
le lavabo

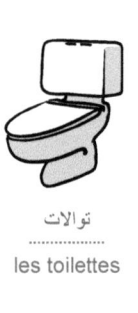

توالات
les toilettes

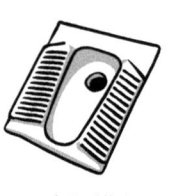

توالات تركي
la toilette à la turque

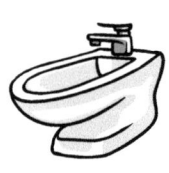

غسال الرجلين
le bidet

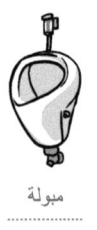

مبولة
l'urinoir

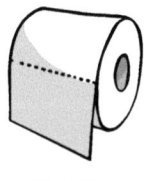

ورق تاع توالات
le papier toilette

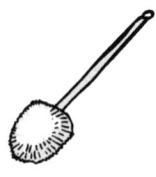

بروسة تاع توالات
la brosse à toilette

بروسدون

la brosse à dents

دونتفريس

le dentifrice

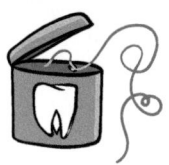

خيط السنان

le fil dentaire

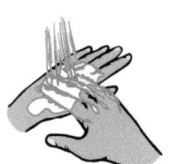

يغسل

laver

دوشات تاع دوش

la douche manuelle

دوشات

la douche intime

لافابو

la vasque

بروسا تاع الظهر

la brosse dorsale

صابون

le savon

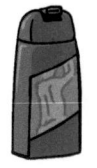

جال دوش

le gel douche

شنبوان

le shampooing

الحبل

le gant de toilette

قادوس

l'écoulement

بومادة

la crème

ديودورون

le déodorant

مراية

le miroir

مراة صغيرة

le miroir cosmétique

رازوار

le rasoir

لاموس

la mousse à raser

كولون

l'après-rasage

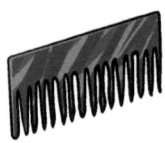

مشطة

la peigne

بروسة

la brosse

سشوار

le sèche-cheveux

مثبت الشعر

la laque pour cheveux

مكياج

le fond de teint

روجالافر

le rouge à lèvres

فرني

le vernis à ongles

قطن

l'ouate

كوبنغل

le coupe-ongles

ريحة

le parfum

تروسة تاع حمام

la trousse de toilette

طابوري

le tabouret

ميزان

le pèse-personne

بينوار

le peignoir

ليغونات تاع النيتواياج

les gants de nettoyage

تمبون

le tampon

ليبوند

es serviettes hygiéniques

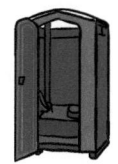

توالات

la toilette chimique

شمبرا تاع ذراري

la chambre d'enfant

ريفاي
le réveil
نونورس
le doudou
لوطو جوي
la voiture jouet
الخشخاش
le hochet
دار تاع بوبيات
la maison de poupée
كادو
le cadeau

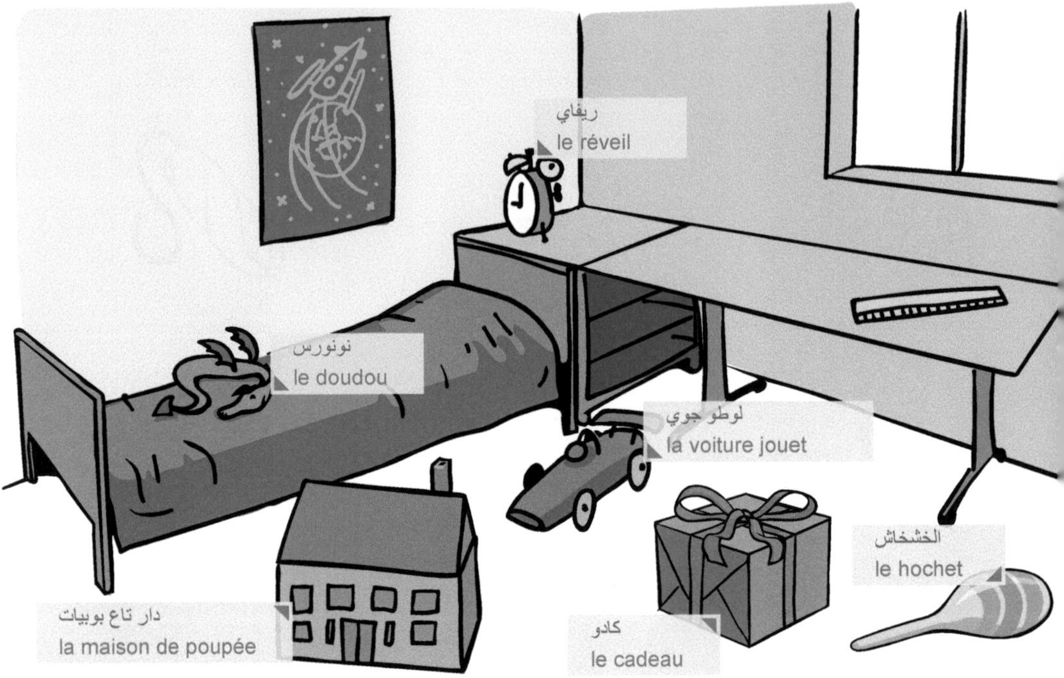

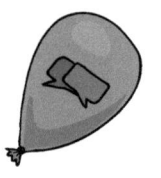

بالونة / نسافة

le ballon

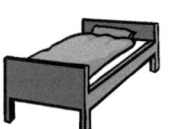

ناموسية

le lit

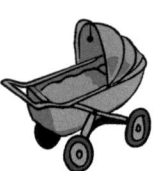

بوسات

la poussette

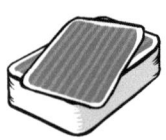

الكارطة

le jeu de cartes

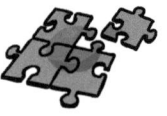

البوزيل

le puzzle

SUPER
MEGA

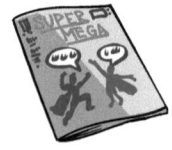

بوند ديسيني

la bande dessinée

اللیغو

les pièces lego

حجر يبنوه

les blocs de construction

بوبية

la figurine

ليسة تاع البيبي

la grenouillère

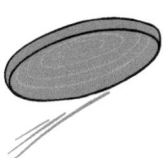
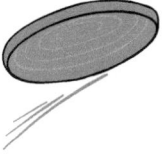

فريزي

le frisbee

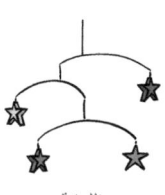

اللهاية

le mobile

لعبة الطابلة

le jeu de société

الدي

le dé

التران

le train miniature

سوسات

la sucette

حفلة / الفيشطة

la fête

كتاب بتصاوير

le livre d'images

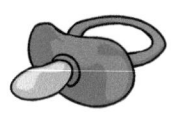

بالون

la balle

بوبية

la poupée

يلعب

jouer

بارك بالرملة

le bac à sable

بنصوار

la balançoire

جوي

les jouets

منيطا

la console de jeu

بيسكلات

le tricycle

دبدوب

l'ours en peluche

ماريو

l'armoire

حوايج

les vêtements

تقاشر

les chaussettes

ليبا

les bas

كولو

le collant

شال
l'écharpe

بربلوي
le parapluie

حزام
la ceinture

تريكو
le t-shirt

بوط
les bottes

بنتوفلا
les pantoufles

تينيسا / سبردينا
les baskets

صندالة
les sandales

صباط
les chaussures

بوط بلاستيك
les bottes de caoutchouc

كالسون
les sous-vêtements

سوتيان
le soutien-gorge

حويج تاع داخل
le maillot de corps

لاسق على الجسم

le body

سروال

le pantalon

جين

le jean

جيبا

la jupe

طابلية

le chemisier

قمجة

la chemise

تريكو

le pull

قارديقون

le sweat à capuche

بلازار

la veste

فيستا

la veste

بالطو

le manteau

بالطو

l'imperméable

كوستيم

le costume

روبا

la robe

روب بلونش

la robe de mariée

كوستيم

le costume

شوميز دونوي

la chemise de nuit

بيجاما

le pyjama

ساري

le sari

حجاب

le foulard

عمامة

le turban

برقع

la burqa

قفطان

le caftan

عباية

l'abaya

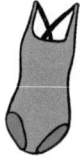

مايو

le maillot de bain

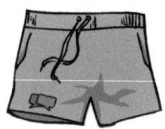

سروال تاع عوم

le maillot de bain

شورت

le short

لبسة تاع سبور

la tenue d'entraînement

طابلية

le tablier

ليقونات

les gants

قفلة

le bouton

نواظر

les lunettes

براسلي

le bracelet

سنسلة

le collier

خاتم

la bague

منقوش

la boucle d'oreille

بوني

le bonnet

سانتر

le cintre

شابو

le chapeau

قرافاطة

la cravate

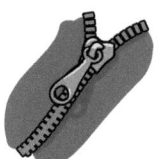

غيمة

la fermeture éclair

كاسك

le casque

بروتال

les bretelles

اللبة تاع ليكول

l'uniforme scolaire

لينيفورم

l'uniforme

رياقة

le bavoir

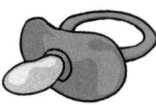

سوسات

la sucette

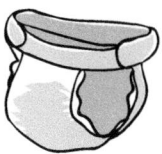

ليكوش

la lange

بيرو

le bureau

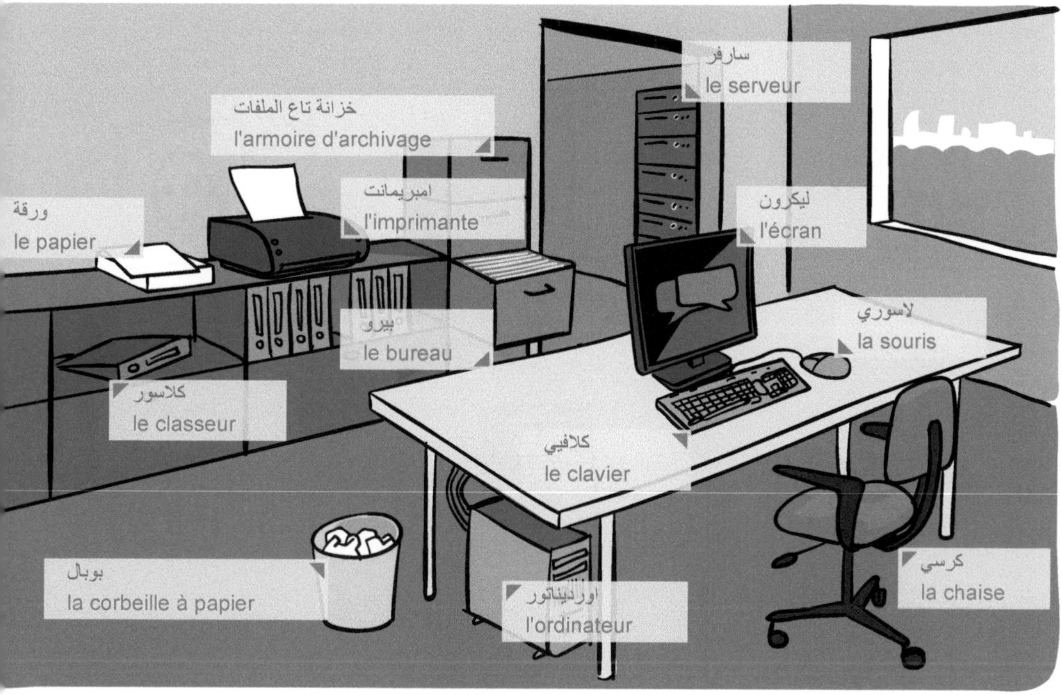

سارفر
le serveur

خزانة تاع الملفات
l'armoire d'archivage

امبريمانت
l'imprimante

ليكرون
l'écran

ورقة
le papier

بيرو
le bureau

لاسوري
la souris

كلاسور
le classeur

كلافيي
le clavier

بوبال
la corbeille à papier

اورديناتور
l'ordinateur

كرسي
la chaise

كاس قهوة

la tasse de café

كاكولاتريس

la calculatrice

لانترنت

l'internet

اورديناتور

l'ordinateur portable

برية

la lettre

ميساج

le message

بورطابل

le portable

ريزو

le réseau

فوطوكوبي

la photocopieuse

لوجسيال

le logiciel

تيلفون

le téléphone

بريزة

la prise

فاكس

le fax

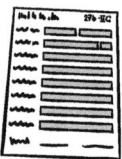

استمارة

le formulaire

وثيقة

le document

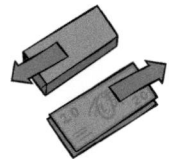

يشري
....
acheter

يخلص
....
payer

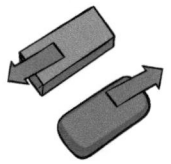

يتاجر
....
faire du commerce

دراهم
....
la monnaie

دولار
....
le dollar

اورو
....
l'euro

ين
....
le yen

روبل
....
le rouble

فرنك سويسري
....
le franc suisse

يوان
....
le renminbi yuan

روبية
....
la roupie

ديستريبيتور
....
le distributeur automatique

بيرة تاع الصرف

le bureau de change

ذهب

l'or

فضة

l'argent

نفط

le pétrole

طاقة

l'énergie

السومة

le prix

عقد

le contrat

طاكس

la taxe

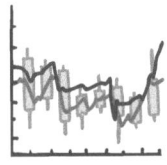

سهم

l'action

يخدم

travailler

خدام

l'employé

مول الشي

l'employeur

وزين

l'usine

حانوت

le magasin

les professions

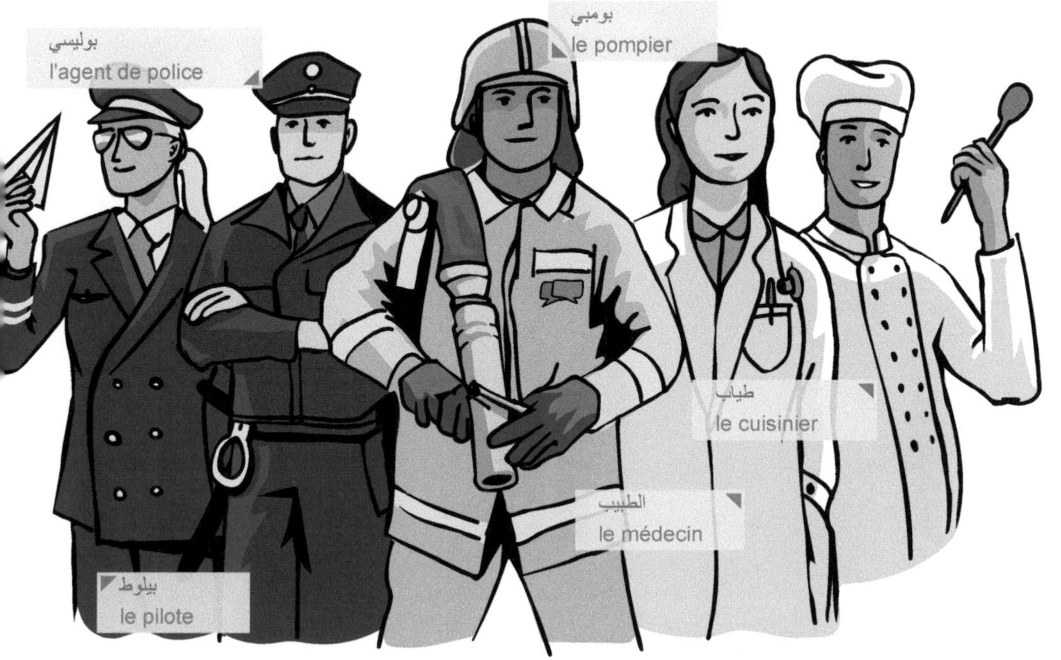
بوليسي
l'agent de police
بومبي
le pompier
طياب
le cuisinier
الطبيب
le médecin
بيلوط
le pilote

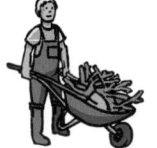

جرديني
le jardinier

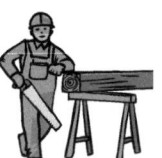

نجار
le menuisier

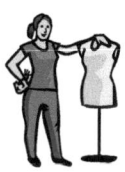

خياط
la couturière

قاضي
le juge

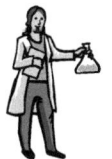

شيميك
le chimiste

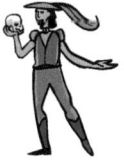

ممثل
l'acteur

ﺷﻮﻓﻴﺮ

le conducteur de bus

ﻃﺎﻛﺴﻴﻮﺭ

le chauffeur de taxi

ﺻﻴﺎﺩ

le pêcheur

ﺧﺪﺍﻣﺔ

la femme de ménage

ﻣﺎﺻﻮ ﺗﺎﻉ ﺍﻟﺼﻘﻒ

le couvreur

ﺳﺎﺭﻓﻮﺭ

le serveur

ﺻﻴﺎﺩ

le chasseur

ﺑﻨﺘﺎﺭ

le peintre

ﺧﺒﺎﺯ

le boulanger

ﺍﻟﻜﺘﺮﻳﺴﻴﺎﻥ

l'électricien

ﻣﺎﺻﻮﻥ

l'ouvrier

ﻣﻬﻨﺪﺱ

l'ingénieur

ﺑﻮﺷﻲ

le boucher

ﺑﻠﻮﻣﺒﻲ

le plombier

ﻓﺎﻛﺘﻮﺭ

le facteur

جندي

le soldat

ارشيتكت

l'architecte

كاسسي

le caissier

بياع اورد

le fleuriste

كوافير

le coiffeur

الكنترول

le contrôleur

ميكانيسيان

le mécanicien

كابيتان

le capitaine

طبيب سنان

le dentiste

عالم

le scientifique

حاخام

le rabbin

امام

l'imam

موان

le moine

موان

le prêtre

ليزوتي
les outils

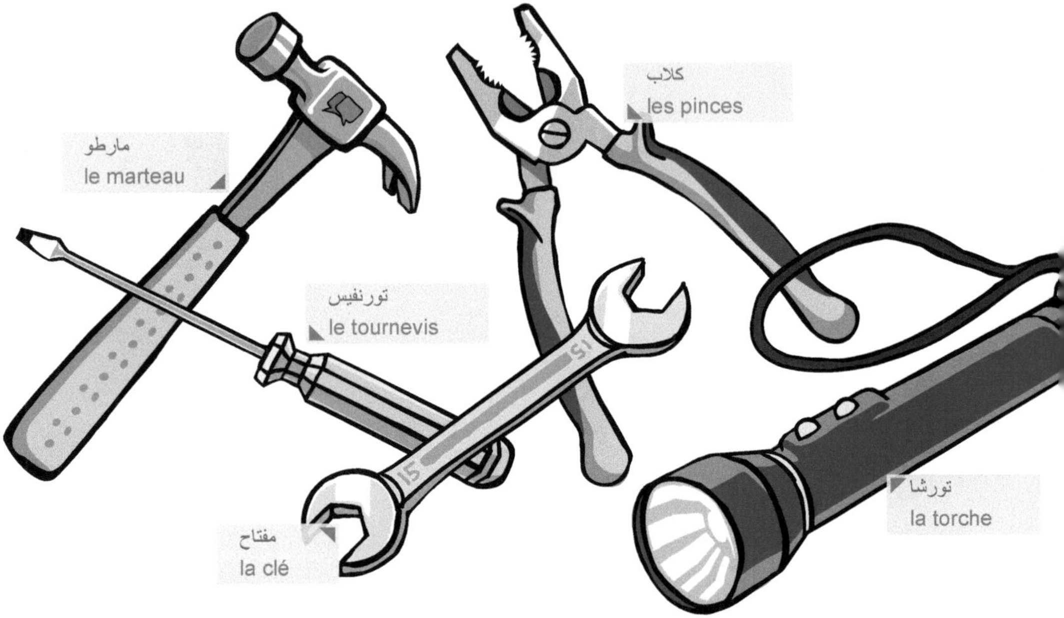
مارطو
le marteau
كلاب
les pinces
تورنفيس
le tournevis
مفتاح
la clé
تورشا
la torche

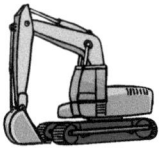

جرافة

....

la pelleteuse

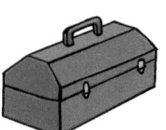

قايصة نتاع ليزوتي

....

la boîte à outils

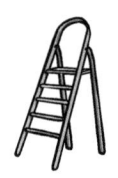

سلوم

....

l'échelle

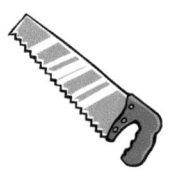

منشار

....

la scie

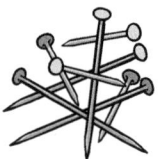

مسامير

....

les clous

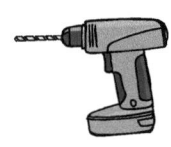

برسوز

....

la perceuse

يصنع

réparer

البالة

la pelle

ياويلي

Mince !

بالا

la pelle

بو تاع بنتورة

le pot de peinture

ليفيس

les vis

آلات موسيقية

les instruments de musique

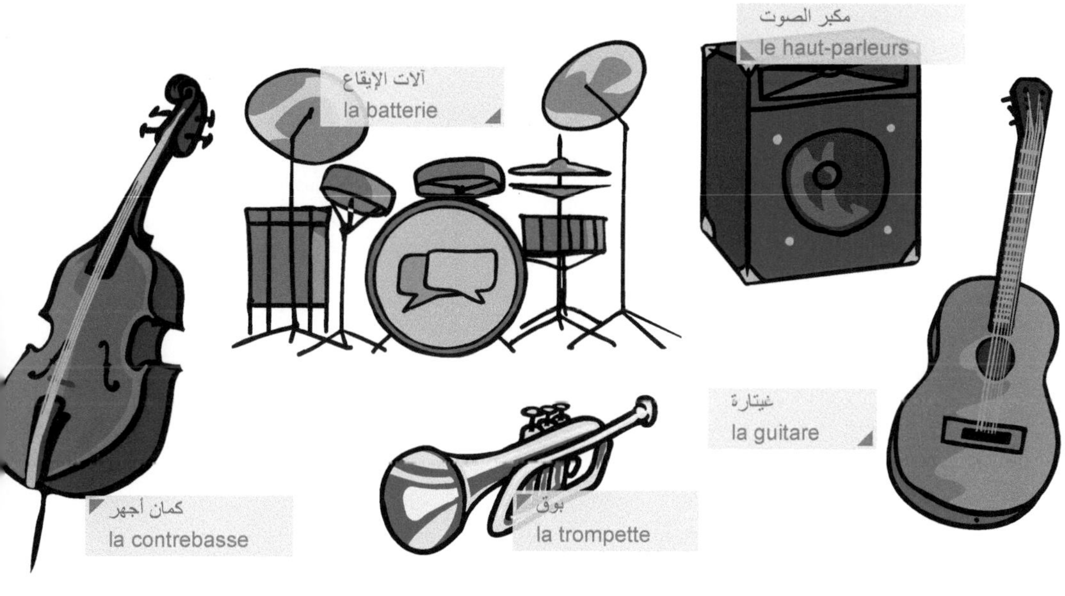

آلات الإيقاع
la batterie

مكبر الصوت
le haut-parleurs

غيتارة
la guitare

كمان أجهر
la contrebasse

بوق
la trompette

بيانو

le piano

كمنجة

le violon

جهير

la basse

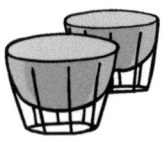

طبل كبير

les timbales

طبل

le tambour

بيانو كهربائي

le piano électrique

ساكسوفون

le saxophone

ناي

la flûte

ميكروفون

le microphone

حديقة حيوانات

le zoo

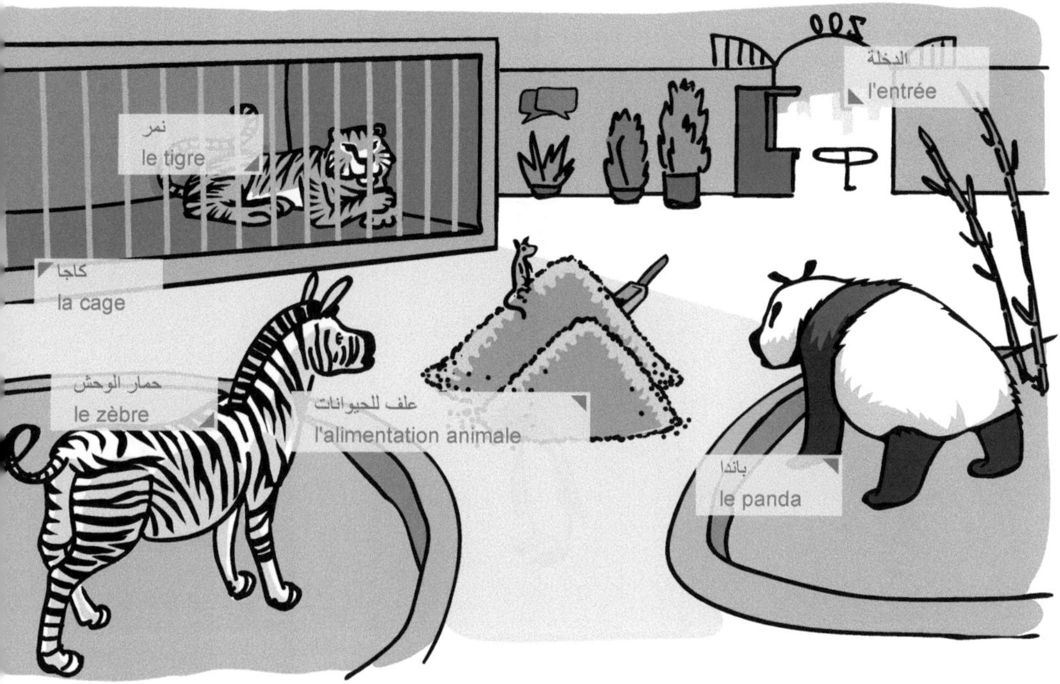

zoo
الدخلة
l'entrée
نمر
le tigre
كاجا
la cage
حمار الوحش
le zèbre
علف للحيوانات
l'alimentation animale
باندا
le panda

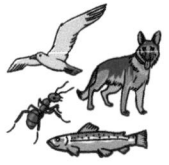

حيوانات
....
les animaux

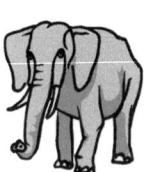

فيل
....
l'éléphant

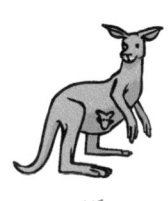

كنغر
....
le kangourou

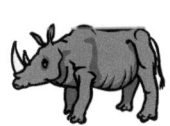

وحيد القرن
....
le rhinocéros

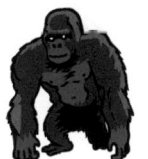

غوريلا
....
le gorille

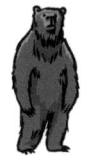

دب
....
l'ours

جمل

le chameau

نعامة

l'autruche

سبع

le lion

تشيطا

le singe

فلامونغوز

le flamand rose

بيروكي

le perroquet

دب قطبي

l'ours polaire

بطريق

le pingouin

سمك القرش

le requin

طاووس

le paon

لفعة

le serpent

تمساح

le crocodile

عساس في حديقة الحيوان

le gardien de zoo

عجل البحر

le phoque

نمر أمريكي مرقط

le jaguar

فرس قزم
....
le poney

نمر
....
le léopard

فرس النهر
....
l'hippopotame

زرافة
....
la girafe

نسر
....
l'aigle

حلوف
....
le sanglier

حوت
....
le poisson

فكرون
....
la tortue

حيوان فظ البحري
....
le morse

ثعلب
....
le renard

غزال
....
la gazelle

les sports

بالون اميريكا
l'american Football

الركبة تاع البيسكلت
le cyclisme

تينيس
le tennis

باسكات
le basket-ball

العوم
la natation

هوكي
le hockey sur glace

بوكس
la boxe

بالون
....
le football

الريشة الطائرة
....
le badminton

اتلاتيزم
....
l'athlétisme

الهوند
....
le handball

سكي
....
le ski

بولو
....
le polo

يكتب	يرسم	يوري
écrire	dessiner	montrer
يدمر	يعطي	يدي
pousser	donner	prendre

يملك

avoir

يخدم

faire

كاين

être

يوقف

être debout

يجري

courir

يجبد

trier

يقيس / يرمي

jeter

يطيح

tomber

يتكسل

être couché

يشوف

attendre

يرفد

porter

يقعد

être assis

يلبس

s'habiller

يرقد

dormir

ينوظ

se réveiller

يشوف في

regarder

يبكي

pleurer

يحكك

caresser

يمشّط

peigner

يهدر

parler

يفهم

comprendre

يسقسي

demander

يسمع

écouter

يشرب

boire

ياكل

manger

يخمل

ranger

يبغي

aimer

يطيب

cuire

يصوق

conduire

يطير

voler

يبحر بالفلوكة

faire de la voile

يحسب

calculer

يقرا

lire

يتعلم

apprendre

يخدم

travailler

يتزوج

se marier

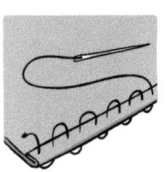

يخيط

coudre

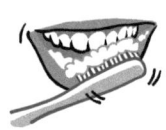

يغسل سنانو

brosser les dents

يكتل

tuer

يكمي

fumer

يرسل

envoyer

لعايلة

la famille

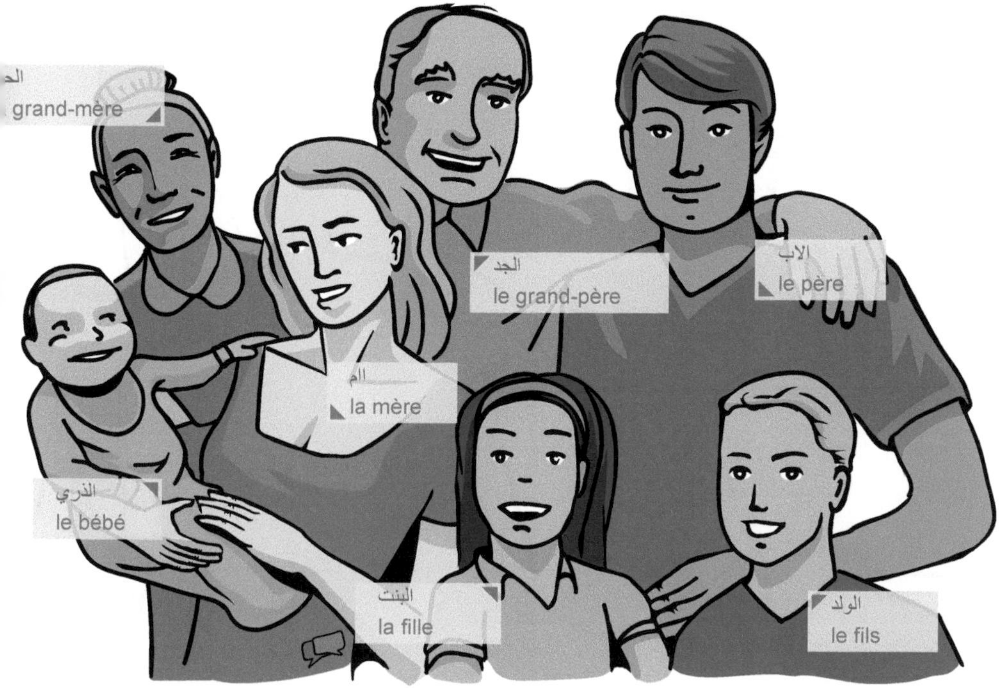
grand-mère
الجد
le grand-père
الاب
le père
ام
la mère
الذري
le bébé
البنت
la fille
الولد
le fils

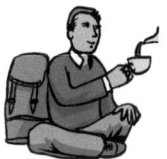

ضيف

....

l'hôte

العمة / الخالة

....

la tante

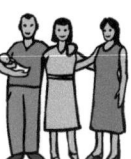

العم / الخال

....

l'oncle

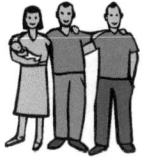

الخو

....

le frère

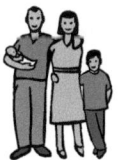

الخت

....

la sœur

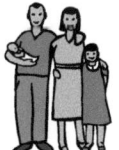

الجسم
le corps

الجبهة
le front
العين
l'œil
الكتف
l'épaule
صبع
le doigt
الوجه
le visage
اللحية
le menton
اليد
la main
الساق
la jambe
الصدر
la poitrine
الذراع
le bras

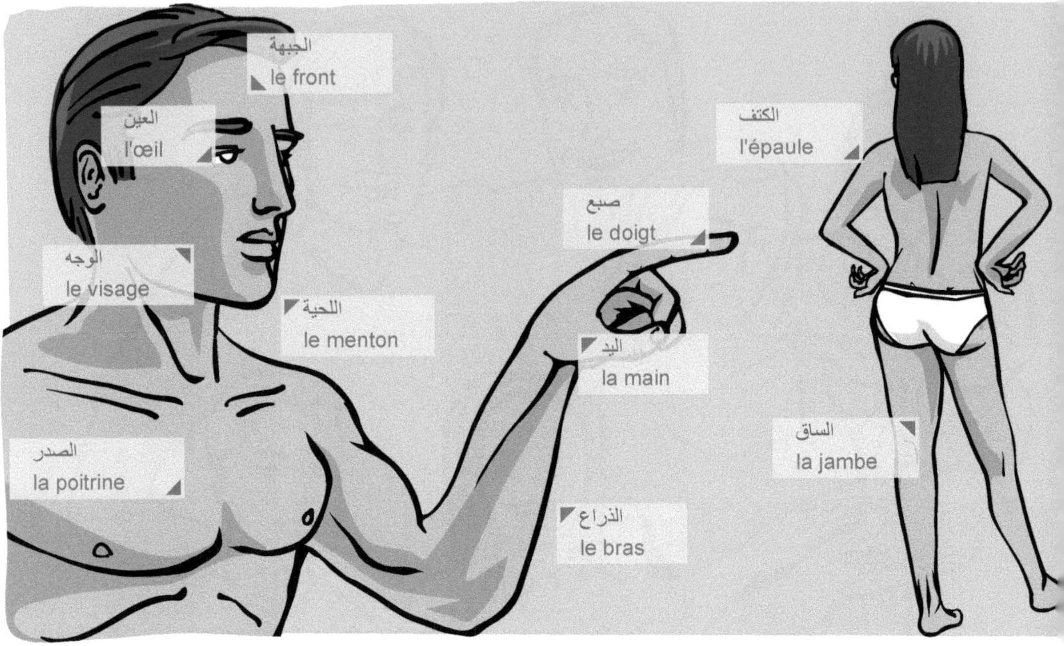

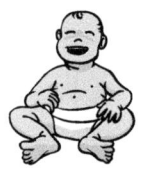

الذري
le bébé

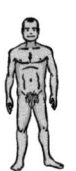

الراجل
l'homme

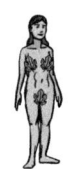

المرا
la femme

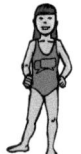

الشيرة، الطفلة
la fille

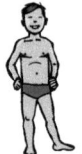

الشير
le garçon

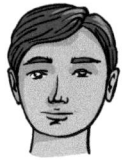

الراس
la tête

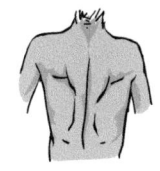

ظهر

le dos

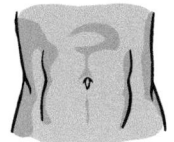

الكرش

le ventre

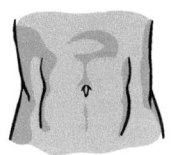

السرة

le nombril

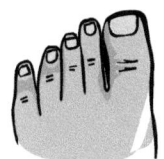

صبع

l'orteil

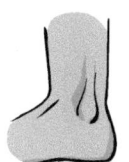

طالون

le talon

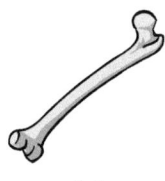

العظم

l'os

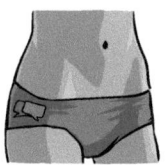

المرادف

la hanche

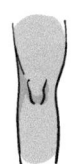

الركبة

le genou

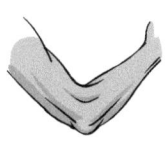

لمرفغ

le coude

نيف

le nez

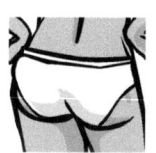

مصاصيط

les fesses

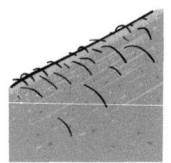

البشرة

la peau

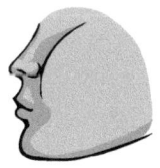

الحنوك

la joue

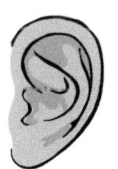

لوذن

l'oreille

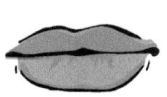

ثورب

la lèvre

الفم

la bouche

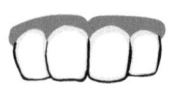

السنة

la dent

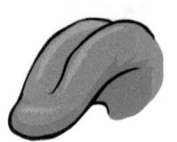

السان

la langue

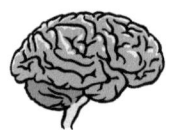

الدماغ

le cerveau

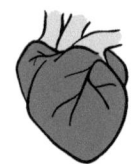

القلب

le cœur

العضلة

le muscle

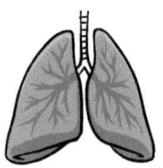

الرية

les poumons

الكبدة

le foie

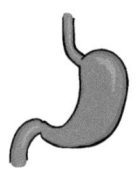

لسطوما

l'estomac

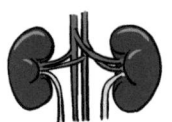

كلوى

les reins

رابور

le rapport sexuel

بريزارفتيف

le préservatif

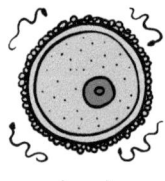

البويضة

l'ovule

سبرم

le sperme

بلكرش

la grossesse

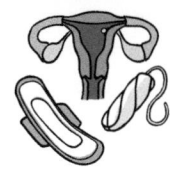

ليراغل
....
la menstruation

المهبل
....
le vagin

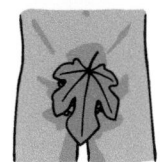

المذاكر
....
le pénis

الحاجب
....
le sourcil

الشعر
....
les cheveux

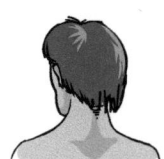

رقبة
....
le cou

سبيطار
l'hôpital

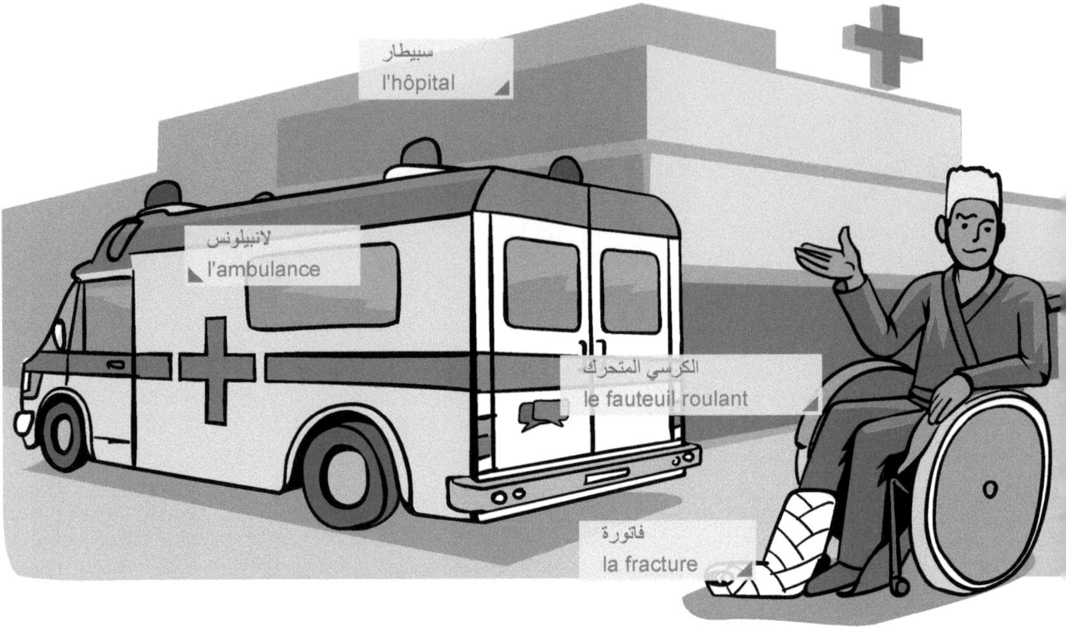

سبيطار
l'hôpital
لانبيلونس
l'ambulance
الكرسي المتحرك
le fauteuil roulant
فاتورة
la fracture

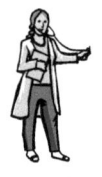

الطبيب
....
le médecin

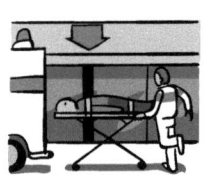

ليزيرجونس
....
le service des urgences

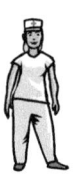

الممرضة
....
l'infirmière

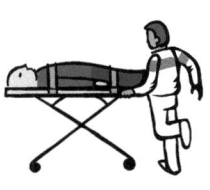

ليرجونس
....
l'urgence

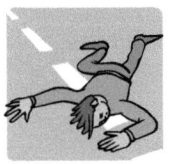

تغاشى
....
inconscient

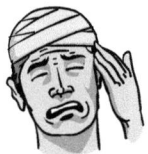

الوجع
....
la douleur

الجرح

la blessure

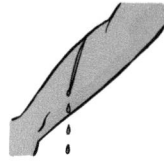

يسيل الدم

l'hémorragie

القلب

la crise cardiaque

لافيسي

l'attaque cérébrale

لالرجي

l'allergie

الكحة

la toux

الحمة

la fièvre

لاقريب

la grippe

الاسهال

la diarrhée

ميغران

le mal de tête

السرطان

le cancer

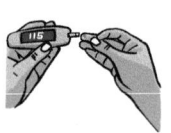

السكر

le diabète

الجراح

le chirurgien

مبضع

le scalpel

عملية تاع القلب

l'opération

لاسيتي

le CT

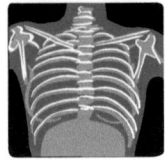

الراديو

la radiographie

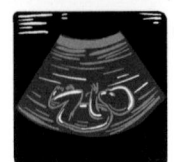

لولتخازون

l'échographie

لماسك

le masque

المرض

la maladie

وين بقارعو

la salle d'attente

العكاز

la béquille

سكوتش

le pansement

لبانسما

le pansement

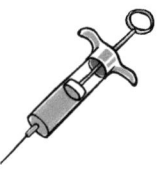

لبرة

l'injection

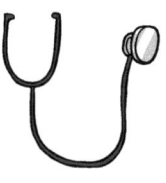

السماعة تاع الطبيب

le stéthoscope

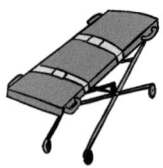

نقالة

le brancard

لوزنو بيه الحمة

le thermomètre

زيادة

l'accouchement

السمونية

la surcharge pondérale

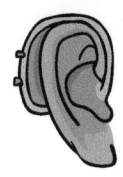

جهاز السمع

l'appareil auditif

المعقم

le désinfectant

لنفكسون

l'infection

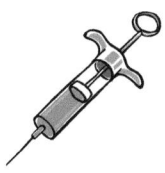

الفيروس

le virus

السيدا

le VIH / le sida

الدوا

le médicament

الفاكسان

la vaccination

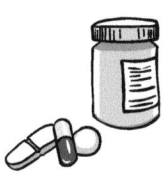

الدوا حب

les comprimés

بيلولة

la pilule

يعيط للنجدة

l'appel d'urgence

الجهاز ليقيسو بيه الدم

le tensiomètre

مريض / صحيح

malade / sain

سلكوني

Au secours !

لالارم

l'alarme

يتعدا

l'assaut

يهجم

l'attaque

دونجي

le danger

مخرج الطوارئ

la sortie de secours

النار شاعلة

Au feu!

لكستانتور

l'extincteur

اكسيدون

l'accident

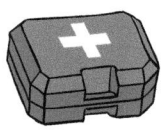

فيزة تاع الاسعاف الاولي

la trousse de premier
secours

سلكونا

SOS

لابوليس

la police

أوروبا

l'Europe

أمريكا الشمالية

l'Amérique du Nord

أمريكا الجنوبية

l'Amérique du Sud

أفريقيا

l'Afrique

آسيا

l'Asie

أستراليا

l'Australie

المحيط الأطلسي

l'Océan atlantique

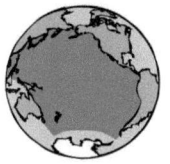

المحيط الهادي

l'Océan pacifique

المحيط الهندي

l'Océan indien

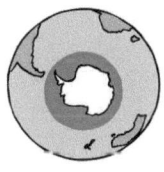

المحيط المتجمد الجنوبي

l'Océan antarctique

المحيط المتجمد الشمالي

l'Océan arctique

القطب الشمالي

le Pôle nord

القطب الجنوبي

le Pôle sud

منطقة القطب الجنوبي

l'Antarctique

أرض

la terre

بلاد

le pays

بحر

la mer

جزيرة

l'île

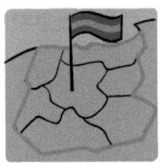

امة

la nation

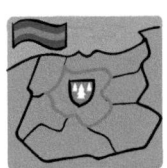

دولة

l'état

ميناء الساعة
....
le cadran

عقرب الساعات
....
l'aiguille des heures

عقرب الدقائق
....
l'aiguille des minutes

عقرب الثواني
....
l'aiguille des secondes

شعال راها الساعة؟
....
Quelle heure est-il ?

يوم
....
le jour

زمن
....
le temps

دروك
....
maintenant

ساعة رقمية
....
la montre digitale

دقيقة
....
la minute

ساعة
....
l'heure

la semaine

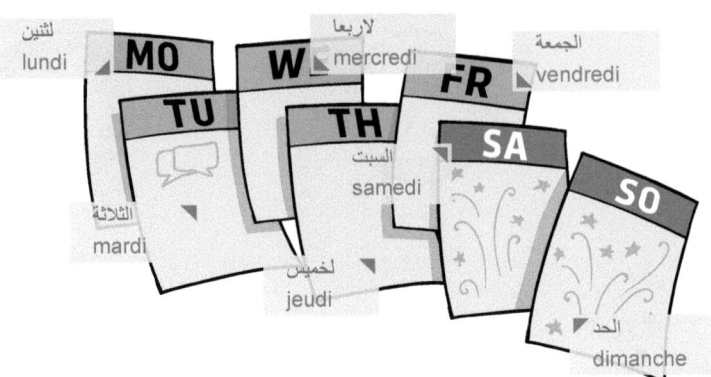

لثنين
lundi

لاربعا
mercredi

الجمعة
vendredi

الثلاثة
mardi

السبت
samedi

لخميس
jeudi

الحد
dimanche

لبارح
hier

اليوم
aujourd'hui

غدوا
demain

صباح
le matin

القايلة
le midi

العشية
le soir

يامات الخدمة
les jours ouvrables

ويكاند
le week-end

العام

l'année

النو
la pluie
قوس قزح
l'arc-en-ciel
الريح
le vent
ثلج
la neige
الربيع
le printemps
الصيف
l'été
الخريف
l'automne
الشتا
l'hiver

4.APRIL 11°
5.APRIL 4°
6.APRIL 13°
7.APRIL 8°
8.APRIL 10°

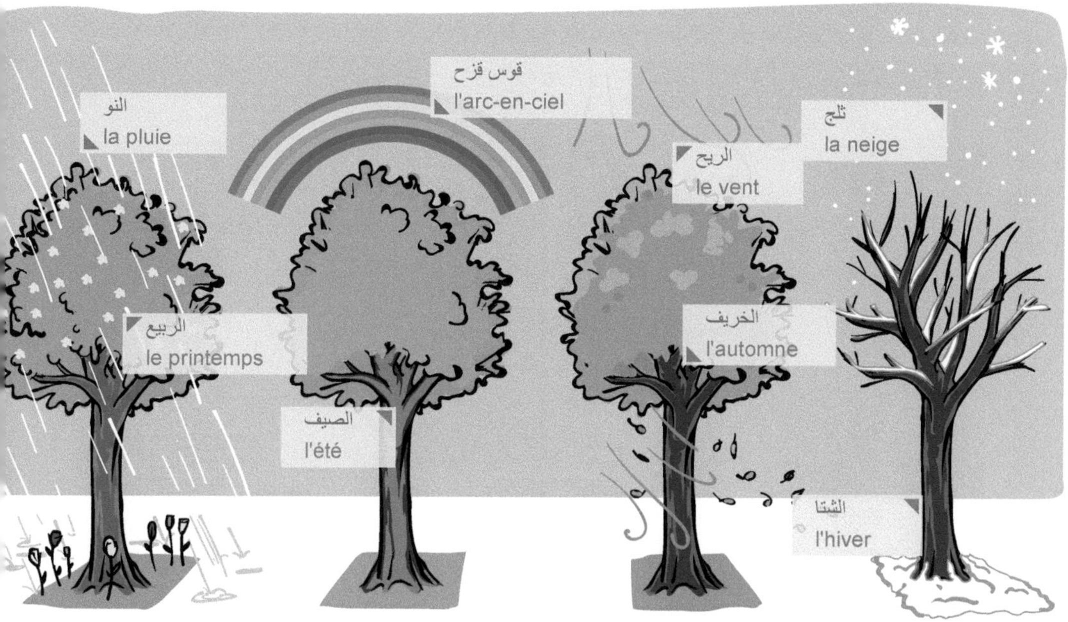

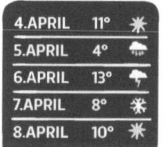

يتنبأ بالحال

la météo

F C
120 40
90 30
60 20
30 10
0 0
-30 -10
-20

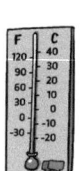

مقياس حرارة

le thermomètre

ضوء الشمس

la lumière du soleil

سحابة

le nuage

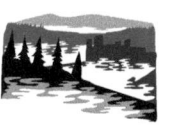

ضباب

le brouillard

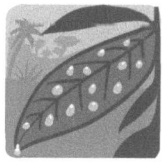

ميديتي

l'humidité

برق
....
la foudre

رعد
....
la tonnerre

عاصفة
....
la tempête

بَرَد
....
la grêle

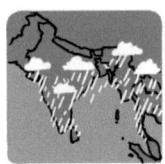

ريح
....
la mousson

طوفان
....
l'inondation

جليد
....
la glace

جانفي
....
janvier

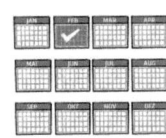

فيفري
....
février

مارس
....
mars

افريل
....
avril

ماي
....
mai

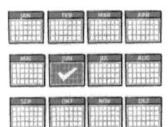

جوان
....
juin

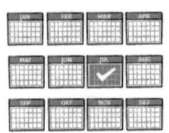

جويلية
....
juillet

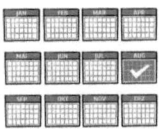

اوت
....
août

سبتمبر
....
septembre

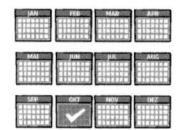

اكتوبر
....
octobre

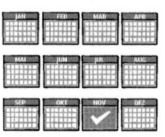

نوفمبر
....
novembre

ديسمبر
....
décembre

فورما

les formes

دويرة
....
le cercle

مربع
....
le carré

مستطيل
....
le rectangle

مثلث
....
le triangle

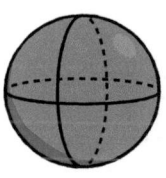

كويرة
....
la sphère

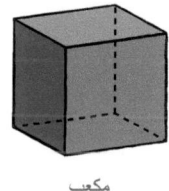

مكعب
....
le cube

les couleurs

بيض

blanc

صفر

jaune

نتئيني

orange

روز

rose

حمر

rouge

حلحالي

violet

زرق

bleu

خظر

vert

قهوي

marron

قري

gris

كحل

noir

بزاف / شوية

beaucoup / peu

زعفان / مكالمي

fâché / calme

شباب / مشي شباب

joli / laid

البدية / التالي

le début / la fin

كبير / صغير

grand / petit

فاتح / فونسي

clair / obscure

خو / خت

frère / soeur

نقي / موسخ

propre / sale

كامل / ناقص

complet / incomplet

نهار / اليل

le jour / la nuit

ميت / حي

mort / vivant

عريض / ضيق

large / étroit

يقدو ياكلوه / ميقدروش ياكلوه

....

comestible / incomestible

شرير / ناس ملاح

....

méchant / gentil

بثير / يمل

....

excité / ennuyé

سمين / رقيق

....

gros / mince

اللولا / التالية

....

le premier / le dernier

الصاحب / لعدو

....

l'ami / l'ennemi

معمر/ فارغ

....

plein / vide

قاصح / سوبل

....

dur / souple

ثقيل / خفيف

....

lourd / léger

جوع / عطش

....

faim / soif

مريض / صحيح

....

malade / sain

غير شرعي / شرعي

....

illégal / légal

ذكي / مبوقل

....

intelligent / stupide

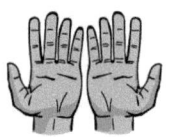

يسار / يمين

....

gauche / droite

قريب / بعيد

....

proche / loin

جديد / مستعمل

nouveau / usé

مكانش / شوية

rien / quelque chose

شيباني / شاب

vieux / jeune

يشعل / يطفئ

marche / arrêt

محلول / مبلع

ouvert / fermé

بشوية / بلفور

faible / fort

مرفح / زوالي

riche / pauvre

نيشان / خاطيء

correct / incorrect

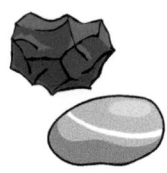

حرش / رطب

rugueux / lisse

زعفان / فرحان

triste / heureux

قصير / طويل

court / long

بشوية / بلخف

lent / rapide

مشمخ / ناشف

mouillé / sec

حامي / بارد

chaud / froid

القيرة / لامان

la guerre / la paix

0

صفر

zéro

1

واحد

un / une

2

زوج

deux

3

ثلاثة

trois

4

ربعة

quatre

5

خمسة

cinq

6

ستة

six

7

سبعة

sept

8

ثمانية

huit

9

تسعة

neuf

10

عشرة

dix

11

حداعش

onze

12
ثناعش
douze

13
تلطاعش
treize

14
رباطاعش
quatorze

15
خمسطاعش
quinze

16
سطاعش
seize

17
سبعطتعش
dix-sept

18
ثُمنطاعش
dix-huit

19
تساعطاش
dix-neuf

20
عشرون
vingt

100
مية
cent

1.000
ألف
mille

1.000.000
مليون
le million

اللغات

les langues

انقلي
....
l'anglais

انغلي تاع مريكان
....
l'anglais américain

لغة الشنوية
....
le chinois mandarin

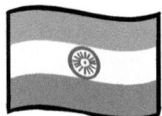

الهندية
....
le hindi

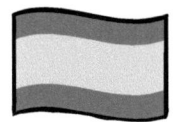

سبنيولية
....
l'espagnol

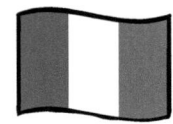

الفرونسي
....
le français

العربية
....
l'arabe

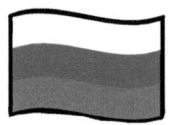

الروسية
....
le russe

البوتغالية
....
le portugais

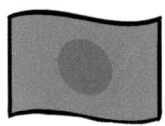

البنغالية
....
le bengali

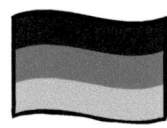

لالمنية
....
l'allemand

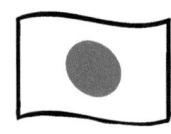

الجابونية
....
le japonais

انا

je

نتا

tu

هو

il / elle / ce, c', cela

حنايا

nous

نتوما

vous

هوما

ils / elles

شكون

Qui ?

واش

Quoi ?

كيفاش

Comment ?

وين

Où ?

وقتاش

Quand ?

الاسم

le nom

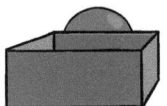

مرور
....
derrière

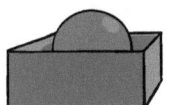

في
....
dans

قدام
....
devant

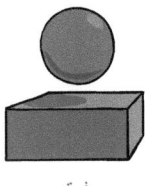

فوق
....
au-dessus

على
....
sur

تحت
....
en-dessous

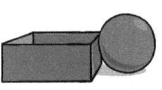

حدا
....
à côté de

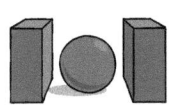

بين
....
entre

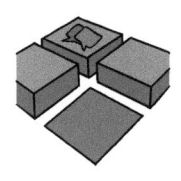

بلاصة
....
le lieu